結婚へつづく道

私でも結婚して幸せになれますか？

これからまだ、恋愛ができるでしょうか？

運命の人はいますか？

私を愛してくれる人に会えますか？

ずっと愛されるにはどうしたらいいですか？

二人のうちどちらを選べば良いですか？

ずっと年下の子が好きでたまりません

彼は奥さんと別れて私と結婚してくれますか？

そうです、ずっと愛してもらえますよ
あなた方にはその価値があって
運命の人はすぐそこで貴方を待っています
明日、いつもの角を曲がったら
そこに、完全無欠の貴方だけの王子様がいて
魔法みたいになんでも貴方の望みを叶えてくれます
お金も、セックスも、子供も、「あたたかい家庭」も、
素敵なお家も、綺麗な庭も、
楽な介護も、安心の老後もみんなその人が
貴方に、あたりまえみたいに贈ってくれます
それは遙か昔から約束されていたことで
この先貴方が何をしたって絶対に
裏切られることはないのです

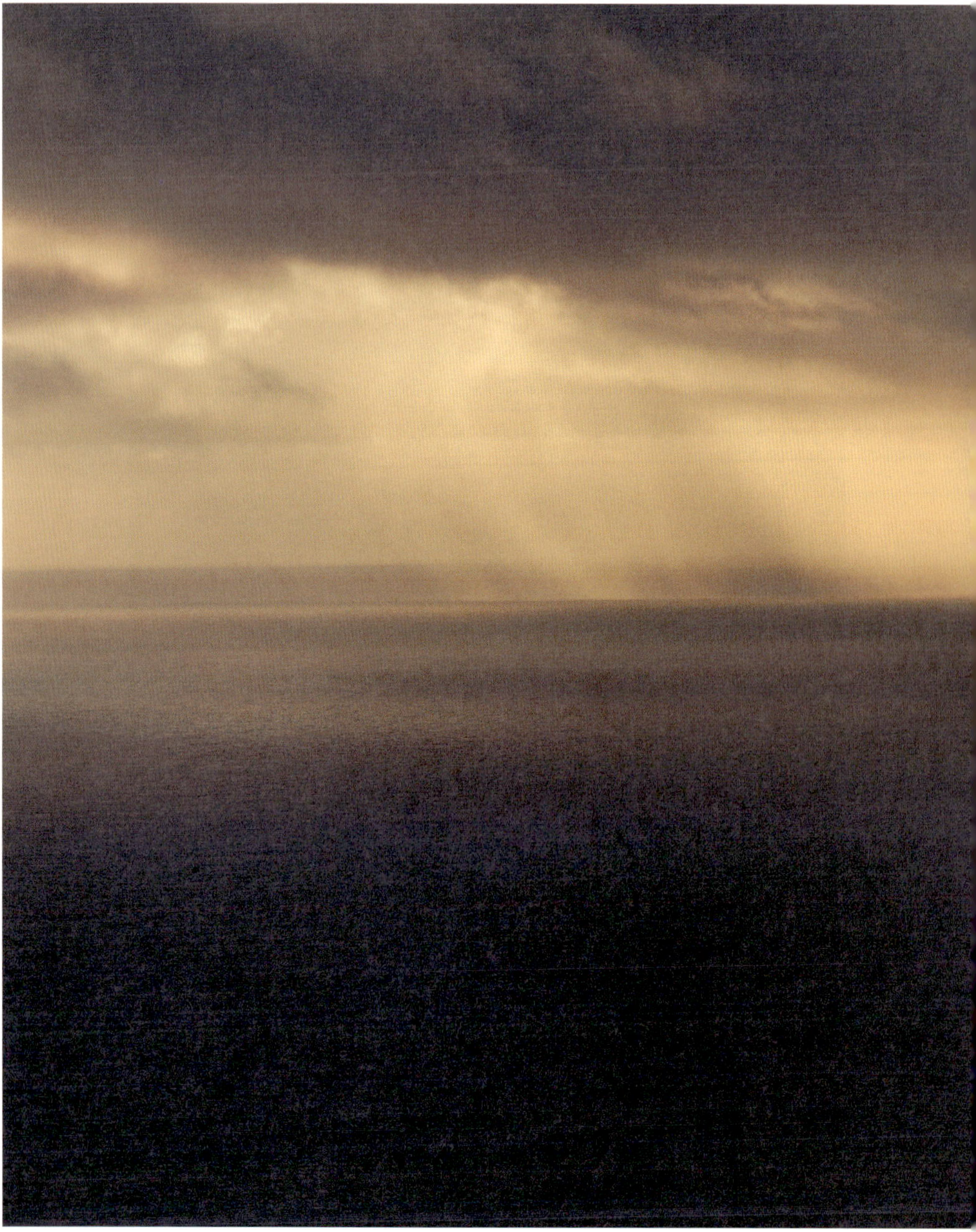

かなうことならそんなふうに答えてみたい
孤独と不安と空疎に耐えかねた悲鳴のような願いを
幾多の女性が天に祈り、問いかけ続けてきた
「そんなうまい話はありません」
なんて鼻で嗤《わら》う人もいるかもしれないけれど
いざ自分自身が愛の孤独や裏切りの前に立ったら
嗤ったその人も絶望への恐怖で身動きできなくなるだろう

星の数ほどの恋愛があり、結婚がある
恋愛のない結婚もあるし、
結婚のない恋愛もある
愛のない結婚もあるし
愛のない恋もある
こどものない家族もあるし
守り手のない家庭もある
利用されるだけのような生活
ガマンと不満、未来への不安
誰にも相手にされないのは誰のせい？
この人と結婚したのは間違いだったの？
過去の激しい憧れと恋の情熱は
いったいどこに消えたんだろう
恋愛感情は４年しか保たない、
赤ん坊が生まれて、自分の足で歩けるようになったら
男女の恋愛感情はロウソクを吹き消すように消えてしまうと
どこかで読んだ
私たちの心の中に愛はあるか
誰かの心の中に私はいるか
愛することはごく簡単みたいだけど
愛されることは至難の業だ

本当にそうかな？

「おしどり夫婦」で死ぬまで仲良しの人たちもいる

愛し合ったまま最期を迎えるカップルだっている

それは特別な人だけに許された運命で

私とは関係ないの？

孤独と喪失に生きる運命が最初から決まっていて

一生、誰も私を愛してくれることはないの？

行きずりの欲情もある

そばにいてくれるならなんだってする

どんな理不尽な要求も呑み

どんな裏切りも受け入れる

だからそこにいてよ、奥さんがいても構わない

長い時間の中で私たちは愛の前に呻吟してきた

そんなものがあるのかどうかもわからないのに

幼い頃から必死にちいさな手を伸ばして

虚空を摑みながらそれを求めてきた

誰か愛してください

私を可愛がって下さい

もっとうつくしかったらよかったのかな

あの子みたいにかわいかったらよかったんだろう

選ばれるのはいつも、私じゃない「他の誰か」だった

幸せは他の誰かのもので

いつも、私のものではない

幸せな人たちが私から何かを奪ったわけではないのに

なぜか、あの人たちの幸せを受け入れられない

いつ結婚するの？　子供はまだなの？
貴方には関係ないのにどうしてそんなこと聞いてくるの？
早く幸せになって親を安心させて、なんて
どんな「条件」の人間が来れば安心できるの？
私がずっと一人でいたがってると思ってるの？
私は誰も愛したくないのかもしれない
私は恋など面倒なのかもしれない
そう思うことで自由になりたいのかもしれない
誰も好きにならなければ無敵でいられる
なぜなら、絶対に裏切られることがないから

一瞬先のことは解らない

でも

今まで起こらなかったことはこれからもきっと起こらない

口で言うことと胸で思ってることは違う

頭で考えていることと心が願ってることは違う

ふわふわのピンクのスカートなんて絶対はきたくない

でもひょっとすると

お姫様の絵を描いた幼稚園の頃に戻りたいのかもしれない

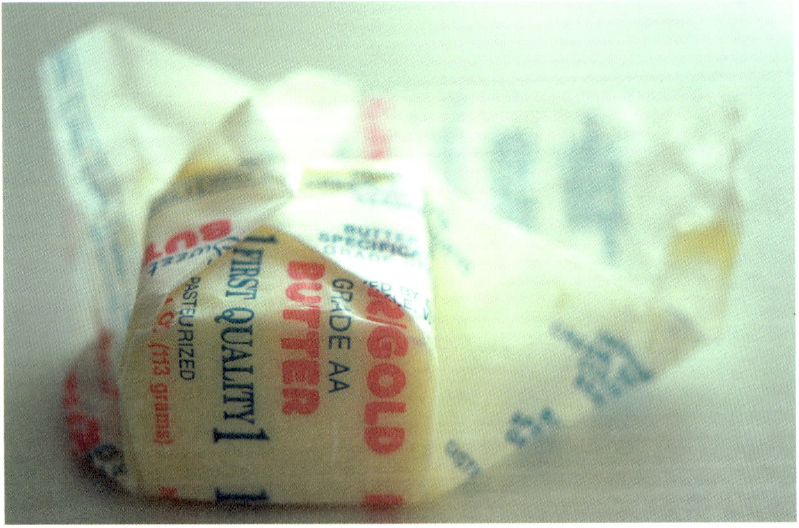
BUTTER
GRADE AA
1 FIRST QUALITY 1
PASTEURIZED
(113 grams)

何が手に入れば幸せになれるのだろう
幸せだと思ったら幸せだ、なんて
気休めを言わないでもらいたい
すべてを持っている人はすべてを持って幸せだし
私にはなにもなくて、不幸せだ
こんなのは「気の持ちよう」なんかじゃ埋まらない
何か前世に悪いことでもしたのかしら
生まれた時から恵まれている人がいて
生まれた時から何も持たない人もいるのは不公平だ
愛は公平で「善いもの」じゃないの？
愛は正しくて道徳的なんじゃないの？

ずっと愛されているのはどんな人ですか？
優しい人、いつも笑顔の人、
思いやりのある人、裏表なく誠実な人、
人を助けてあげている人。
その人たちは愛されているんじゃなくてむしろ
自分以外の人を、まじめに愛してるだけだった
愛されるためのトリックなんか使わないで
ただ人のためになにかしてあげてる人が愛される
彼らは見返りもなく、どろだらけで、損をして、
人からバカにされたりしてることもある

Books
POST IMPRESSIONISM
Great Artists
WORLD ART
ERIC OWEN MOSS
Calligraphy
MADE EASY
Foundations of Weaving
WORLD OF EMBROIDERY

周りの人の性格をどれくらい知っているだろう

毎日のように顔を合わせていても

その人がどんな気持ちなのか、考えたことがあったかな

優しくしたら微笑んでくれる

挨拶しなければ無視される

そのときの私の顔を見ている人はいるだろうか

その人は私のことを好きになるかな

勉強なら、頑張れば頑張っただけ結果が出る

仕事なら、目標に向かってつっぱしればいい

褒められたければ努力すればいい

欲しいものの方に向かってまっすぐいけばいい

でも、愛はどうだろう

好きな人に「好きになってもらう努力」ってあるかな

まっしぐらに「好きになってよ！」と言っても

どん引きされるのがオチのようだ

お店でお金を出して、オーダー通りの料理を出してもらうみたいな

愛は、そんな取引みたいにはいかない

どんなところを愛されたいですか？

私の長所を見つけて、褒めて欲しいです

怒った顔も可愛いって言って欲しい

だめなところも受け入れてもらいたいです

できれば「ガマン」じゃなくて、

「気にしないで」いて欲しい

むしろそこがいいって言って欲しい

自分にはできないことを他人に求める

自分はやっていることを他人に禁じる

かまえたとおりの所にボールが飛んでこなければ

相手の気持ちは自分の期待とは違うのかもって考える

恋するときにはだれもがそうなるけど愛はそうじゃない

見返りのない愛に疲れました

無償の愛なんてきれいごとじゃないですか

じゃあ「報酬のある愛」なら充たされるのかな？

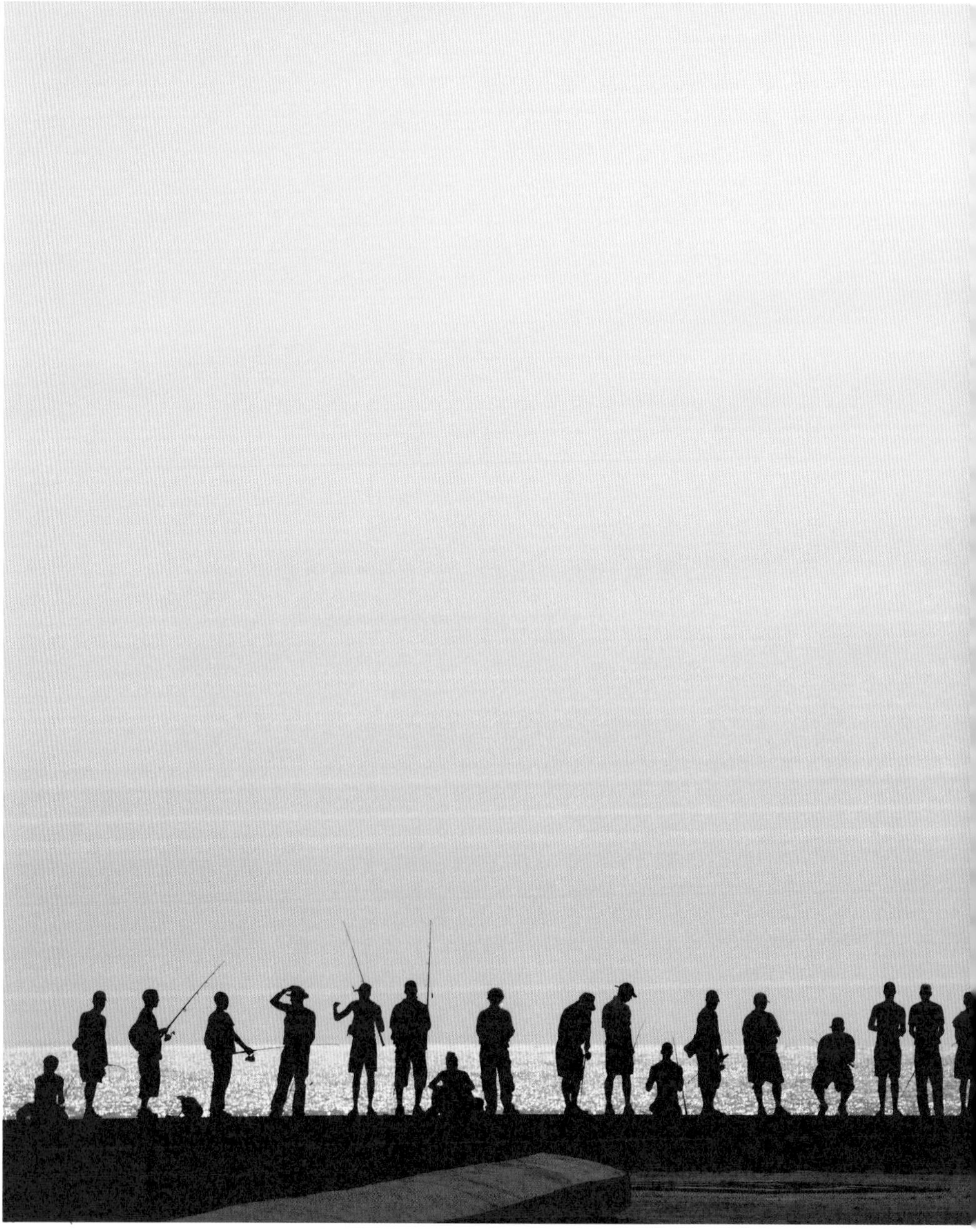

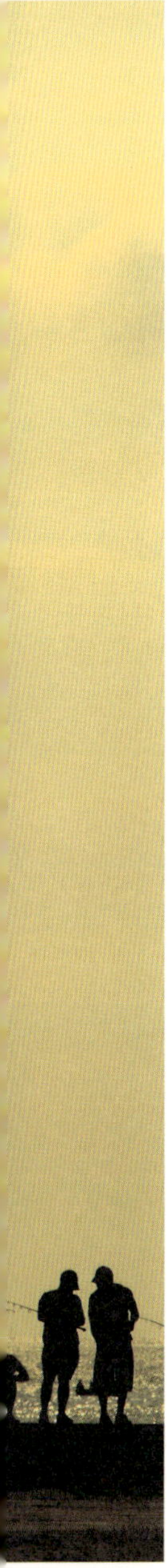

悲しいことに、私たちには
与えることしかできない
相手の気持ちを想像すること
本当に相手のためになることってなんだろう
もしかしたら私が立ち去ることだけが
あの人に対してしてあげられることなのかも
私が好きなお菓子をあの人は嫌い
私が行きたい場所にあの人は行きたくない
私が嫌いなあの子をあの人は好き
良かれと思ってしたことが裏目に出た
言って欲しい言葉は一生言ってもらえない

それでも私たちには、与えることしかできない
そうして与えている人たちがみんな
大切な誰かに愛されている
もし愛をくれないなら愛をあげない
お金やものならそんなふうに守るしかないけれど
私たちの愛は、
自分では絶対に食べられないアレルゲンのようだ
相手にそれをあげると
相手がお返しにこちらの食べられるものをくれるかな？
もしかしたらくれないかもしれない
これは「交換」ではないから
愛は取引ではない
愛は絶対に、絶望的に一方通行の贈与でしかない
だから愛するに値する相手は
絶望的に一方通行の贈与をすることができる人間だ

どんなに好きって言ってもらっても相手を好きになれないとき
自分も同じ思いをしたことがあるのを思い出せただろうか
その人の悲しみと同じ悲しみを
自分も味わったことを思い出しただろうか

自分の手で自分を生かすだけでもいっぱいいっぱいなのに
愛はさらに、他人のことまで生かそうとする
誰かのために、頼まれもしないのに
少しでも何かしてあげたとしたら
それは愛情だ

今日は誰かを愛しただろうか

誰かをちょっとでも安心させるためになにかしたかな

お店の店員さんに「ありがとう」って言ったかな

あの人に笑ってあげられたかな

「出会いがありません」
「彼と結婚したいです、どうすれば結婚できるんでしょう？」
「どうすれば結婚がうまく行きますか？」
「家庭内別居状態です」
「離婚を考えています」etc.

私の元にもこれまで、結婚にまつわるたくさんのメッセージが寄せられてきました。今の日本の若者達のあいだでは、結婚への憧れがとても強まっているそうです。もとい、「憧れ」と呼ぶにはそのイメージは現実的すぎ、ささやかすぎるほどです。きらきらした華やかな生活ではなく、安心できる穏やかな、落ち着いた生活を望む声が、そこには詰まっています。おそらく、女性たちが古い昔から変わらず祈り願ってきたことは、つきつめればそういうことなのだろうと思うのです。苦痛の少ない、安心できる、穏やかな時間。伴侶と子供を愛し、それを自分の手でたしかに守っていく生き方。古い時代の神話やおとぎ話の中に、そうした心の風景がくり返し描かれています。

昨今のメディアでは、女性たちがパートナーに求める条件が高望み過ぎる、「自分の価値」を解っていない、など、揶揄ともとれる報道も見かけます。ですが、そうした望みのおおもとをただせば、「贅沢に派手に暮らしたい」などという発想は、ほとんど見つからないのではないでしょうか。不安定な社会、変わりゆく時間の波から、自分と愛するものを守るにはどうあればいいのか。どうすれば運命のいたずらに打ち倒されずにいられるのか。それを自分なりに考えたとき、まるで「ぜいたく」なほどの条件が出てきてしまうのは、貪欲さよりは恐怖心が強いからではないでしょうか。自分の生活力への自信のなさ、社会的無力感が、結果的に、他人に求める条件を大きくしているのではないでしょうか。
人生全体のイメージが湧かない。「こういうふうに生きていきたいな」と思えるようなモデルとなる人物を見いだせない。だからこそ、自分自身の生き方ではなく「一緒にいてくれる誰か」に人生の答えを求めてしまう。そんな心のカラクリも感じられます。

私たちは幼い頃から「平均値」にさらされ、「偏差値」に敏感に育てられます。他人と自分を比較し、「自分は普通かどうか」を確認する作業を、ほんとうに幼い頃から強いられます。ゆえに、恋愛や結婚のような、徹底的に個人的な心情の問題まで、まるでテストの点数のように「他人と比較できる」と考えられてしまっています。

実際、恋愛問題そのものではなく、他人の恋愛・結婚と自分のそれとを比較して、焦ったり傷ついたりしている人も少なくありません。パートナーの容姿や収入、年齢、実家の財産、住む場所や子供の数に至るまで、ありとあらゆる条件を他人と比較して勝ち負けを競い、「正解」を追い求めてしまう姿には、悲しみを感じざるを得ません。

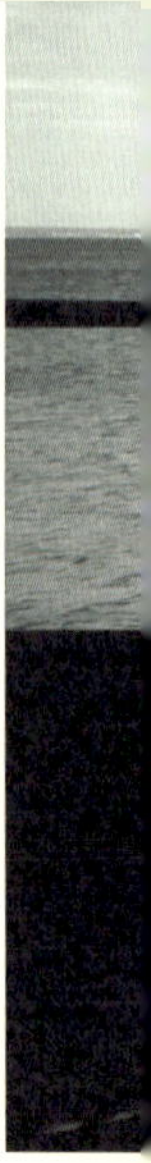

女性は今も「選ばれる」存在であるようです。男性が草食系、女性が肉食系、と揶揄されるのは、そもそも「そうでないのがほんとう」だからでしょう。男性が狩猟者のように女性にアプローチし、女性はそれを「受け入れるか否か判断する」という情景が、古来、私たちの心に食い入っているドラマなのだろうと思います。もちろん、現代では昔ほどその型が機能しているわけではありませんが、それでも、「女性からアプローチしてはいけない」が「女性からアプローチしてはいけない理由はない」に緩んだ程度と言えるでしょう。

自立した、心の強い、主体的な女性ほど、おそらく、自分と同じかそれをしのぐの「力」を、相手にも求めるものではないかと思います。女性たちはどんなに積極的だったとしても、どんなに自立していても、心のどこかで、力強く求められ引き寄せられたい、と感じているようです。

若く美しくなければ選ばれない、と多くの人が考えています。でも、若いうちに仕事をして活躍しておかなければ、高いキャリアは望めない世の中だとも言われます。キャリアの浅いうちに産休をとるなど不可能で、一方、年齢が上がるほどに出産リスクは高まります。専業主婦を見下す人々がいて、独身女性を嗤う人々もいます。

現在、私たちの住む社会は、女性がキャリアを重ねることも、子供を産み育てることも、とても難しくできているようです。誰もがそれぞれの立場でそれぞれに傷ついていて、「これでいいのだろうか」「自分は間違っているのだろうか」「もっとできるはず」など、自分を責めているようにも見えます。

ある分野で活躍しているインストラクターの方が、こんなことを言っていました。
「人それぞれで良いのです、と何度言っても、『合格ラインはどこですか？』と聞いてくる人が必ずいます。合格とか不合格とかはない、その人にはその人に合ったやり方や形がある、と口を酸っぱくして言っても、やっぱり『私は合格ですか？』と聞いてくるんです」。

どうしても「合格か不合格かを知りたい」という欲求。それを恋愛や結婚、人生全体にまで持ちこんでいる人は、決して少なくありません。「人それぞれ」を受け入れている人たちから見ると、「合格」に固執する人々の姿は、どこか滑稽で、悲しく見えます。
「合格」は、他にも様々な言い方で表現されます。「普通」「平均的」「勝ち組」「マジョリティ」等々、「他の人々の群れから、私はこぼれ落ちてしまってはいないだろうか？」という不安に、支配されてしまうのです。

「愛とは、人間の唯一の理性的な活動である。」

これは、トルストイの言葉です。

この一文を読んで、「おや？」と首をかしげる人もいるかもしれません。

むしろ、恋愛感情に飲み込まれて、理性が吹き飛ぶことの方が、リアリティがあるはずです。「恋愛」というふうに、私たちは恋と愛をごっちゃにして扱います。「恋」の強いものが「愛」だと考えている人もいるようです。

ですが、恋と愛は、現実的には、遠く隔たった現象です。

好きな人の姿を目にしてドキドキしたり、他の人と仲良くしているのを見て嫉妬したり、相手に好かれるためにどんな理不尽なことでもガマンしたり、数分間の「既読スルー」も耐えられなかったりする、あの切迫した感情が「恋」です。

恋の感情は人と人との間にある境界線を消滅させ、ほとんど「融合」させてしまいます。恋は世界と人とを結びつけるような、強烈な力を持っています。私たちは恋をしてそれが叶ったとき、無意識のうちに「自分は世界の中で特別な意味を持った」と感じます。だからこそ、恋を失ったときは、世界から放り出されたような、空っぽの自分に打ちのめされます。

一方、何が相手のためになるかを真剣に考えたり、会いたいけれども相手の忙しさに配慮してひとりの時間に耐えたりするのが、「愛」です。愛はしばしば、恋の感情と衝突します。恋の感情は、相手にして欲しいことでいっぱいですが、愛は相手にしてあげられることを最優先します。恋の感情は、相手に嫌われないためにあらゆる努力をしますが、愛は、相手に嫌われてでも相手のためになることを選択します。恋は一気に燃え上がって一瞬で冷めることがありますが、愛はそうではありません。恋と愛は、部分的にはよく似ています。でも、決定的に違っているのです。

激しい恋に落ちた人は、時に相手の喜ばないことを平気でやってしまいます。「私のことを本当に思ってくれるなら、そんなことはしないはずでしょう！」と叫びたくなるようなことも、恋の感情は平気で実行させてしまうのです。一方、愛の感情はそうではありません。愛は、相手の怒りや悲しみ、考えなどを「理解して引き受けよう」とします。

自分の胸にあるのが単なる一時的な恋の感情だけなのか、それとも、相手を引き受ける愛もあるのかは、別れ際によく表れます。「どうしても別れたくない」と叫ぶのが、恋の感情です。でも「相手のためになるなら、別れてあげるしかない」と考えるのが、愛という理性です。両方の思いが渦巻いて、最終的に「愛」が勝ったなら、自分は相手を確かに愛した、ということになります。

もちろん、恋愛はそんなに単純ではありません。いくつもの矛盾する思いが胸に渦巻き、その中で流されたり踏み止まったりしながら、誰もが自分だけの恋と愛を生きます。恋も愛も、とても素晴らしいものですが、一時的な恋の感情だけにこだわって「愛」の世界まで足を踏み入れない人たちは、塩水を飲み続けてけっして渇きが癒えないような、苦しい道を歩むこともあります。

恋の感情の中に、私たちは「運命の約束」を探します。人知を超える力が自分と相手を分かちがたく結びつけているのだ、と信じます。でも、多くの恋は、他ならぬ自分自身の「心」でできています。

願望や悲しみ、空想、傷、コンプレックス、誰か自分以外の人との融合を求める嵐のような欲望が、ほんの些細なきっかけで、私たちを恋の感情の渦へと飲み込んでいきます。まるで、自分で自分の情熱に恋い焦がれているようなものですが、私たちは決して、それに気づきません。

恋は私たちを自分の外側へと拡張し、そこでしか見えない素晴らしい景色を見せてくれます。恋を生きる時、私たちはいのちのもう一つのありようを見つけて、激しい衝撃を受け、「これこそが人生だ！」と感じます。それも、真実です。満開のバラも、花を落として緑に繁るバラも、赤い実をつけたバラも、冬枯れのバラも、すべて本当のバラです。恋は、花咲くときのバラであり、花が散っても、バラがバラでなくなることはありません。大輪のバラのような恋の感情が「凪《な》いだ」とき、実を結ばなかった花の残がいのように、無味乾燥な他人がそこに現れることもあります。激しい恋の後で、相手を毛嫌いするようになるカップルは珍しくありません。
一方、激しい恋の思いとは別の、あたたかでどっしりした情愛で相手と再び、結びつけられることもあります。これは、果実が種子をおとすのににています。どちらに転ぶかは、「恋の感情がどれだけ激しかったか」とは、ほとんど関係がありません。

「結婚しなければ幸せになれない」わけではないと思います。

結婚制度自体、古い時代からさまざまに変化を遂げてきて、今もその途上にあるように思います。少し時代を遡れば一夫多妻制が普通でしたし、国や文化によっても、結婚制度は多様です。同性婚や夫婦別姓の問題、子供の親は誰かという問題や「親を知る権利」の問題など、結婚制度にまつわる議論は尽きません。これだけ離婚が一般的になった中で、人間という生き物の習性と、現代の「結婚制度」が果たしてフィットしているのかどうか、誰も正確なことはまだ、言えないのだろうと思います。

それでも、恋をして、あるいは人を愛して、結婚して、幸福になっている人はいます。

幸福な人は「すべての条件が満たされているから幸福」ではないのです。幸福な人にも、足りないものや困っていることはあります。痛みや悲しみ、不足感、罪悪感や劣等感などもたぶん、心のどこかにちゃんとあるはずです。後悔もあれば、不満もあるでしょう。怒りや呪い、嫉妬や孤独感さえあると思います。そうしたものがないから幸福、なのではなく、そうしたものがあっても幸福、なのです。

恋愛と結婚について、私が言えることは、いまのところ３つだけです。

1つは、結婚や恋愛は、私たちが生まれてくるのと同じくらい、その条件を「選ぶ」ことができない、ということです。

生まれてくるとき、私たちは親や家を選ぶことはできません。偶然か必然か、運命なのか、なんと名前をつけても同じことで「この両親のもとに育ってよかった！」と感謝する人もいれば、そんな場所に産み落とされたことを呪いながら生きる人も決して、少なくありません。
結婚ならば、ちゃんと物心がついて、知性も判断力もあった上で決断できるのだから、今度こそちゃんと選べるのだ、と私たちは考えます。確かに、自分で見て取り、選択できる部分も皆無ではありません。

でも、本当に完全に「相手を選べる」ものでしょうか。

他者にどんなに興味を持ち、まっすぐ見つめ、あらゆる情報を受けとろうとしても、その人の心のすべてを完全に理解することはできません。結婚前と後でパートナーががらりと変わってしまった、というケースはごく一般的です。相手を心から愛することができるのに、その親兄弟にどうしてもなじめない、ということもあります。経済的に裕福な相手と結婚したはずなのに、経済環境の変化やパートナーの病などで、結局自分が家計を担わざるを得なくなった、などということもあるでしょう。尊敬できる相手だったのに、病を得て人格が変わってしまうこともあります。

また、相手が変わってしまうのと同じくらい、自分も変化する可能性があります。自分が変わり果ててしまったのに、相手こそが変わったのだと主張する人も珍しくありません。

このように、「完全な条件を満たす相手」を選ぶことは不可能なのです。「完全な相手など求めていません、普通で良いのです」と言う人ほど、相手の「問題のなさ」を追求します。「問題がない」のは、イコール、完全です。何かしら問題があるのが「普通」なのです。つまり、誰もが多かれ少なかれ、異常さを持っているのです。

幼い人ほど、自分で考える力のない、空っぽの相手を求めます。相手の空洞に自分のイマジネーションをたっぷり充たして、自分で自分の妄想を抱きしめるように、恋人を抱きしめてしまうのです。この人を待っているのは、幻滅です。空っぽの相手だけが取り残されます。場合によっては、相手は空っぽどころではなく、充実した「自分」を持っていることもあります。この場合、衝突は不可避です。

とはいえ、私たちは自分自身の願望や想像力から自由になることはできません。他者を「完全に理解する」ことができないからこそ、理解できない部分を勝手な空想や予測で埋め尽くそうとします。私たちが見ている他者や恋人、パートナーは、現実の相手とは別の人間です。

恋の感情は、私たちの理性や思考を簡単に吹き飛ばします。情熱的に愛し合っている人々ほど、相手をまともに「選ぶ」ことは不可能です。恋の感情によって融合感を得ている二人は、相手のことをほとんどすべて解っているように感じますし、相手がどんな妙な秘密を明かしてくれたとしても、それを受け入れられると確信しています。

恋の感情が冷めてしまったとき、私たちはしばしば、自分の愚かさに呆然とします。なぜあんな愚かな相手を愛せたのだろう？　と不思議がることもあります。恋の感情が胸にあふれるほどに、私たちは「相手を選ぶ」ことはできなくなっているのです。

私たちは多分、相手を本当の意味で「自分の考えに合うように選ぶ」ことはできないのです。それでは希望も救いもない、と思う人もいるかもしれません。

でも、よく考えてみると、少し肩の力が抜けないでしょうか。どんなに相手をこまかくチェックしてザルにかけても、所詮、「その先」に待っているものはコントロールできないとしたら、もっと別な眼差しで「他者」を見たくなるのではないでしょうか。相手を細かくチェックして選ぼうとする目ではなく、相手という人間全体に、興味や関心を持つことができるようになるのではないでしょうか。

たとえば、ブティックで服を選ぶのと、芸術作品を見つめるのとは、心持ちが大きく違います。着る服に対してはサイズや色などの条件を求めますが、芸術作品には、自分の心との共鳴を求めるだろうと思います。私たちが関わる「他者」は、服のように身に着けるために選ぶものではなく、魂のこもった芸術作品のように、正面から見つめ合える存在であるはずです。

２つめは、私たちは「愛する」ことしかできない、ということです。

ある男性は、奥さんとの結婚の動機をこんなふうに語りました。
「彼女は結婚前、旅行者相手の接客業をしていました。
私も旅行者として彼女の世話になっていたのですが、彼女自身が仕事で非常に疲れているときに、それでも、旅行者たちに非常に親切に、疲れなど見せずに接しているのを見て、この人は人として尊敬に値する人だ、と思い、それから、意識するようになったのです」
相手がそんなふうに自分の仕事ぶりを見ていたとは、奥さんは全く知りませんでした。

女性ファッション誌やハウツー本が「愛される方法」をさかんに謳《うた》いますが、作為によって「愛される」ことは、たぶん不可能です。できたとしても、不毛です。私たちはただひたすら、愛することを追求するしかありません。これは「愛すれば愛される」という取引ではありません。愛するということは、その前提に「見返りを求めない」ことが組み込まれているからです。「愛されるためには愛すればよい」という理屈さえ、ナンセンスなのです。

前述の男性の言葉は、それを象徴しています。誰に見られているのでなくとも、自分が疲れ果てていても、他者に優しくする。その営為が、愛です。「愛とは自分自身よりも他の存在を好もしく思う感情である。」これも、トルストイの「人生論」の一節です。好きな人にだけ優しくするとか、人に見られているときだけきちんと振る舞うとか、そういうことはすべて、愛とは無関係のことです。

愛したからといって、見返りがあるかどうかは解りません。それでも他者に愛情を傾ける人は、いつか、誰かに信頼され、愛されることになります。とはいえこれは、決して「報酬」ではないのです。

３つめは、「比較には意味がない」ということです。

友達と自分の恋愛、親の結婚と自分の結婚、世間の結婚観と自分の結婚の実態など、私たちは無意識に様々な比較をして、優越感を感じたり、劣等感にうちひしがれたりします。中には「人と比較して自分が勝っていると思えることが、イコール、幸福感である」と思い込んでいる人さえいます。

ある女性が、自分の努力によって夢見たキャリアを実現し、自分にぴったり合う愛情深いパートナーを得ました。二人は結婚し、自力で家を購入したのですが、あるとき友達のホームパーティーに招かれ、相手がパートナーの勤める外資企業の借り上げ社宅に住んでいる様子を見て、嫉妬したというのです。自分で住処を得たことが「劣った、恥ずかしいこと」と感じたのだそうです。
無論、彼女がそんなふうに感じる必要はまったくないのです。彼女自身、自分の劣等感が間違っていると感じていました。自分たちで手に入れた住処を誇りこそすれ、他人のそれと比較して落ち込むことなどナンセンスだと、ちゃんと自覚していたのです。彼女は知的で誇り高い人で、自分の得体の知れない感情に戸惑っていました。

私たちは彼女と同様に、無意味な比較の中で嫉妬したり、優越を誇ったりして生きています。優越感や劣等感から自由になることは、至難の業《わざ》です。でも、優越感と劣等感の構造に支配されている限り、決して本当の幸福は訪れないだろうと思います。常に他人の目に左右され、内なる他者の目に揺さぶられて、自分で自分を幸福だと感じる機能を、自分の外に投げ出してしまっているからです。まるで心臓を体から取り出して他人の手に弄《もてあそ》ばれるままゆだねているように、それは危険なことなのです。

幼い頃からおなじ服を着せられ、おなじカリキュラムに学ばされ、おなじ角度で手足を曲げて行進することを要求され続けて来た私たちにとって、「他人と比較しない」ということは、かなり難しいことのようです。でも、私たちはもともと、そんなに「みんなと同じ」存在なのでしょうか。私たちはみんなどこかしら、人と違っています。「みんな同じが正しい」と思わされた学校教育の中で、私たちの「違い」は薄められ、無視され、排除されてきたのかもしれません。
10代も後半になって初めて、私たちは「自分の個性」を意識せよと要求されます。「自分は自分、人は人」という考えにいきなり切り替えるなんて、至難の業です。ゆえに、若者は恋愛や就職活動などで深い苦悩を強いられます。現代ではSNSなどを通して「そっちはどう？」「みんなはどうしてるの？」「何が普通で、どれが正しいの？」と確認し合いながら生きているように見えます。でも、本当は「普通」も「正解」も、どこにも存在してはいないのです。

そんな、お互いに違い合った人間同士が出会って、恋をし、愛し合い、結婚をするのだとすれば、その形だってみんな違っているはずです。なのに、その「違い」が受け入れられず、「みんなと同じ正しい結婚」を探し回って、迷子になっている人が少なくないように思われるのです。

愛や結婚といったテーマの前で、私たちは、幾重にも無力です。
こうすれば必ずうまく行く、後悔しない、といった技術を謳う人々もいますが、それで本当にうまく行くのかどうか、私たちは自分自身の、一回きりの人生を使って「実験」してみるしかありません。万人に効く薬が存在しないように、何万人もが成功した手段が自分にだけ「効かない」こともあり得ます。

私たちは、自分には到底できないようなことを他人に要求し、自分は安易にやってしまっていることを、他人に禁止する生き物です。そして、その事実に全く無頓着なのです。
人の浮気を責める人が浮気し、嘘を問い詰める人が嘘をつくという不思議な現象は、実際、珍しくありません。自慢をする人は他人の自慢話が嫌いですし、わがままな人は他人のわがままも許せないのです。幼稚な人ほど子供に厳しく当たり、細かい神経質な人ほど、人からの些細な指摘を恐れています。そうした矛盾を乗り越えたとき、その人は大きく成長を遂げ、強い魅力をたたえるようになります。自分が「こんな人に、こんなふうに愛されたい」と思う、そのとおりに自分自身が振る舞うことができたら、きっと、貴方の視界が愛の風景へと変わっていきます。

一説には、人間は危機的な状況に陥ったとき、たった一人でそれを乗り切れるようには作られていないのだそうです。警察でも、軍隊でも、必ず行動の時にはペアを組ませるのは、それが理由だといいます。
私たちは、人生を一人きりで生きていくこともできそうに思えますが、実際のところ、無数の人々と関わり、結ばれ合って生きています。そうした結びつきの中の１つが、恋愛や結婚です。

多くの人がわかっているとおり、恋愛すれば幸せになれる、結婚すれば幸せになれる、という観念は、幻想に過ぎません。幸せは条件によって作られるのではなくて、自分の手の中にある他者への愛情から、ちいさな芽を出します。
愛情とは、たとえば、自分がお腹をすかしているとき、もっとお腹をすかしている人に1つだけのパンを分けてあげるような、そんなことです。自分はちっとも得にならないのに、相手の苦しみを救おうとする思いです。そこから、ときどき、奇跡のように、大きな愛の物語が生まれます。

私は、そんなふうに考えています。

おわりに

普段、Web サイトなどで、
「ある言葉を『お題』にして、エッセイをお願いします」
というお仕事をよくいただきます。
ゆえに、今回二見書房の米田さんから
「『結婚』というお題で、本を」というご依頼を頂いた時
「いつもやっていることの拡大版みたいな感じだな」
と、気軽にお受けしたのですが、
案を練るうちに、気軽どころではなくなっていきました。

生活をかさねてゆくこと。人間の作った決まりと戦うこと。
人を愛するということ。人生を生きること。
こうしたことを考えて、ぐるぐる迷子になりかけたとき
数年前、水道橋で開かれた野寺さんの個展で見た、
キューバの写真の印象が、私のみちしるべでした。

首に光る装飾品のネックレスが「私自身」ではないように
結婚式や結婚指輪は「結婚」ではありません。
では、「私自身」「結婚それ自体」は、どこにあるのか。
読者の皆様にとって、本書がそれを探す手掛かりになることがあるなら、
それ以上のことはありません。

石 井 ゆ か り

本書の初打ち合わせは5月の風薫る、
神田駿河台の山の上ホテルのコーヒーラウンジで行なわれました。
その日の打ち合わせで大まかな方向性を決め、
あとは私と二見書房の米田さんによる男の結婚論議（？）を、
石井さんが熱心に聞くという形で終始和やかに終えました。
その様子を楽しそうにうなずきながらメモを取る石井さんが印象的でした。

私は結婚して 20 余年たちますが
「男女の考え方ってこうも違うものなのか」って、思うことが日常生活の中で多々あります。

もし結婚するのに迷ったら
「あなた以外の、特に弱い立場の人に接するときの態度」を見たらどうでしょうか。
その人の本質が分かります。

しあわせはお金でも、物品でもなく“心の安らぎ”にあると私は思います。

この本が少しでもみなさまの人生のお役にたてればうれしく思います。
すべての方々に愛と感謝をこめまして。

野 寺 治 孝

文　石井ゆかり（いしい・ゆかり）

ライター。星占いの記事やエッセイなどを執筆、独特の文体で老若男女を問わず多くの支持を集める。120万部を超えるベストセラーとなった『12星座』シリーズ（WAVE出版）の他、『愛する力』『愛する人に。〜新装版〜』『星栞』（以上、幻冬舎コミックス）、『ひかりの暦』（イラスト・松尾たいこ、小学館）、『星の交差点』（イースト・プレス）、『親鸞』（写真・井上博道、パイインターナショナル）、『いつか、晴れる日』（写真・野寺治孝、ピエ・ブックス）など著書多数。
Webサイト　「筋トレ」　http://st.sakura.ne.jp/~iyukari/

写真　野寺治孝（のでら・はるたか）

1958年千葉県浦安市生まれ。写真家。海や日常風景の周りに漂う雰囲気、空気感や自然光を生かした撮影に定評があり、多くのファンを持つ。松任谷由実のコンサート公式パンフやＣＤジャケット、丸の内カレンダー（三菱地所・伊東屋）の撮影も手がける。その他、雑誌、写真展、講演など多数。写真集として『ＴＯＫＹＯ　ＢＡＹ』（河出書房新社）、『いつか、晴れる日』（詩・石井ゆかり、ピエ・ブックス）、『すべての空の下で』（ＰＨＰ研究所）、『旅写』（玄光社）、『結婚のずっと前』（文・坂之上洋子、弊社刊）、『boat』（栄久堂）、『建築家が建てた妻と娘のしあわせな家』（文・田中元子、X-Knowledge）他がある。
Webサイト　http://www.nodera.jp

結《けつ》婚《こん》へつづく道《みち》

文　／石《いし》井《い》ゆかり

写真　／野《の》寺《でら》治《はる》孝《たか》

発行所　／株式会社二見書房
東京都千代田区三崎町2-18-11
電話　03-3515-2311（営業）
　　　03-3515-2313（編集）
振替　00170-4-2639

装丁　／ヤマシタツトム

印刷・製本　／図書印刷株式会社

乱丁・落丁本はお取り替えいたします。
定価はカバーに表示してあります。

ISBN978-4-576-14131-2
http://www.futami.co.jp